Mäntyjen liikkeistä

Keijo Virtanen & Jarmo Saarti

VirtaSaarti

2017

Kuvitus ja taitto: Jarmo Saarti & Keijo Virtanen

Julkaisija: VirtaSaarti, Jyväskylä, Kuopio

Kustantaja:
BoD, Books on Demand, Helsinki, Suomi
Valmistaja:
Book on Demand, Norderstedt, Saksa

ISBN 978-951-568-322-9

Mäntyjen liikkeistä

Mäntyjen liikkeistä aiheutuu voimakenttiä.

Ne ovat vastaavia kuin ne,
joita kohtaamme unissa.
Unet puhdistavat ajatuksiamme,
männyt puhdistavat hengitystämme.
Tähän perehtyminen puhdistaa
katsomuksiamme.

Mäntyjen liikkeistä aiheutuu voimavirtoja.
Ne ovat tuntemattomia.
Kuka kykenisi mittaamaan
tai arvioimaan niiden laatua, luonnetta,
vaikutuksia?
Kuka ymmärtäisi niiden syntyä?
Kuka huomaisi kysyä tai tutkia niiden
tarkoituksia?
Harva on koskaan kaivannut vastauksia,
jos joku olisi tuonut keskusteluun näitä
kysymyksiä.

Ennen, kun ihmiset lähtivät vesille,
he pääsivät aina perille.
Vaikka tuulet ovat arvaamattomia,
virtojen kulusta pääsee selville,
ei niillä voi eksyä.
Katsottiin tähdet ja kallioiden kulmat ja kaaret
ja kuunneltiin havujen huminaa.

Mutta kun ihmiset ovat alkaneet siirtää taimia
pelloille,
syntyy liikettä,
jota voi aistia,
jos on altis vaikutuksille
ja osaa tulkita ennen huomaamattomia
tapahtumia.

Istuttaja palaa laikutuksille,
tarkistaa, saako taimille vettä,
taivuttaa ranteita,
elvyttää käsivarsia,
vielä ilman varusteita,
ja kuulee:
jokainen aamu on metsä.
Jokainen metsä saa kasvot.
Ja kun katsot,
siellä kiitävät sarvet ja kaviot.
Ja nyt kun tuulee,
minne joutuvat kartat ja kuviot?
Ilmassa loistaa varoitus!

Kun mäntyjen liikkeet yhdistyvät metsässä,
tai siellä missä
metsä olisi voinut jatkua
voimme aistia, että jotakin tapahtuu.
Mutta emme kykene ymmärtämään,
tai edes laskelmoimaan
noiden liikkeiden ilmaantumista,
toistuvuutta, toimintatapoja,
emmekä vaiheita ja yleistä kulkua.
Miksi emme?
Sen vuoksi,
että jokainen mänty vaalii ainutlaatuisuuttaan
siinä tilassa, jossa liikkuu.

Kun ihminen asettaa puiden, mäntyjen, paikat
ja tilat
mielivaltaisesti etukäteen pelloksi määrätylle
alueelle,
tällainen tarhaaminen eristää männyn,
se ei pääse mukaan metsän uneen.
Istutusriville joutuneet taimet kasvavat
kaatolinjalla.
Niiden mäntyjen tulevaisuus on ihmisen
määräämä:
tulevaisuutta näillä männyillä ei ole.
Ne haetaan pois,
kun ne ovat nousseet
tiettyyn mittaan.
Se mitta on ihmisen säätämä rajoitus.
Ne puut eivät saavuta mitään,
eivät mitään siitä,
mitä metsä tarvitsee,
haluaa tai hyväksyy.
Ne eivät kuulu metsään.
Ne ovat puita,
eivät mäntyjä.

Kun männyt sijoitetaan ihmisen tekemään
säännöllisyyteen,
niiden voimakentät jäävät vaillinaisiksi ja
mitättömiksi,
humina vaimenee ja lamautuu
vähäsointiseksi.
Lamautuminen laajenee,
moni metsäläinen muuttuu huonovointiseksi
ja poistuu.
Ja linnut lähtevät.
Kun linnut lähtevät,
metsän sointi vammautuu.
Linnut lähtevät,
sillä myllerretyllä pellolla
ei voi lentää,
siellä voi pyrähtää vain vaivalloisesti
ohutta matalaa unta,
joka pysyy samana.
Sen mitta ei muutu
eikä se kanna.

Metsä hupenee,
se vetäytyy ja supistuu
koko ajan pieneneville alueille.
Enää ei nähdä oikeaa metsää.
Nähdään vain metsän rippeitä ja jäännöksiä.
Metsää ei nähdä enää
eikä metsään voi katsoa,
siellä missä ihmisten on toimitettava arkisia
välttämättömyyksiään,
joihin heidät on tarhoissa mukautettu
ja toimittamaan opetettu.
Juurtuminen on lopetettu.

Enää ei nähdä metsään.
Metsää ei nähdä enää.
Eikä oikeasta metsästä
pian muisteta mitään,
koska sinne ei päästä lähtemään
eikä kohta tavata ketään,
joka yrittäisikään löytää tietään
piiloiseen pesään, sillä ei ketään,
ei ensimmäistäkään näistä,
jotka tulevat liikettä säännöstelemään,
ei alkumetsä päästä sisään.

Mutta ajan mittaan,
mikä ei ole ihmisen mittaama,
tämä takaa sen, että suuri vaellus jatkuu,
vaikkakin liike
entistäkin paremmin piiloutuu
ihmisen huomiokyvyltä.
Mutta sen jäljiltä rintaan syöpyy
huokaus, kuin tuulen tuudittama,
joskus kuullaan metsässä yöpyviltä ennen
kuin raivaus kulki täältä.
Jotkut herkistyvät öisin valvoessaan
kirjoittamaan tutkielmia siitä,
kehittyykö huminan tahattomasta
muistamisesta kaipaus.

Mutta yksittäisiä mäntyjä humisee
hyvissä asemissa,
jopa asumuksien pihoissa,
porttien pielissä, puistoissa
mäkien rinteissä, tanssipaikkojen reunamilla,
teiden ja peltojen kohtauspaikoilla,
liikenneasemien odotusaukeiden laidoilla,
joista ne saattavat helposti liittyä
mukaan uniin - entisinä aikoina
ne olivatkin suosittuja sijainteja,
mutta nykyisin ihmiset rasittavat
näitä alueita kaikella mitä heittävät
ja pudottelevat pois,
mutta mäntyjä näkyy yhä
kivikoissa ja kallioilla,
lähteiden vierustoilla, ne sinnittelevät
soilla ja soivat jokisuilla.

Kaikkialla niitä kasvaa valmiina,
uinuvina, mutta aina valppaina.
Joko kuulet?
Joku erottaa humauksen.
Tunnistatko sisältäsi huokauksen?
Aavistatko lupauksen?
Oletko sinä sisäistänyt sen?
Et voi ajatella sitä.
Ei kenenkään pidä.
Et voi laskelmoida sitä.
Ei jokainen siemen idä.
Mene tiehesi ja rauhoita mielesi.

Tulet takaisin
ja asettaudut huminaan.
Tästä pääset mukaan:
kuinka sisäistät tämän,
tajuat näkymättömän.
Niin luulet.
Mutta et sinä sitä sisäistä.
Et voi valmistautua,
vaikka kuljet ja laikutat,
tuot taimet,
peität juuret.
Tämä ei ole mitään,
mitä olet jo kokenut.
Se sisäistyy.
Sen kuulet.
Tai et.
Se löytyy.
Sen vuoksi nyt sinun täytyy omistautua
etkä koskaan voi turhaan puhdistautua.
Etkä voi koskaan liiaksi vapautua.
Ei kenenkään tarvitse tarhaan mukautua.

Silti ei koskaan ole myöhäistä,
vaikkei mikään mänty välitä siitä,
lähdetkö sinä,
vai menetkö.
Tai minne menet.
Mutta kun kuuntelet...
etkä väistä, mitä muistat,
tulee tarve tulla metsän huomaan.
Mutta ei jollakin salatulla tavalla
näistä puista
saa suojaa.
Löydät näitä mäistä,
täällä mäntyjen kestävyys
on menneisyyden tuomaa.

Kun joku huomaa,
ettei sitä silti pelkästään luo maa,
vaan vaikutus on säteittäistä,
laajenee huminan jokapäiväisyys,
siinä soi aina aikakausien yhteisyys.
Kun nähdään,
että tuo rauhoittaa mieltään,
tutkii sisintään,
kulkee suureen metsään
aivan yksinään,
juokseeko joku perään,
estämään, vaikka hävettää,
kun kysellään,
veikö toinen jotain mennessään?

Ryhtyäkö etsimään,
ei kai toinen sinne jää,
harhailemaan ilman päämäärää?
Eihän ystävyyttä kukaan halua hävittää.
Eikä aamua itke yksikään,
silloin vasta voikin yllättää.
Vielä joku löytää
jonkun jolle näyttää,
kuinka häivytään,
kun päivä päättyy hämärään,
peittävään vihreään,
hymyillään, tänne minä jään,
jo ilman muuta kysyttävää,
tarvitseeko kenenkään
yrittää tulla etsimään.

Haluatko löytää takaisin metsään,
josta olet kauan sitten tullut?
Sitä metsää ei enää näe.
Mutta jossain se on ollut.
Sen täytyy kasvaa jossain,
sinä olet kuullut,
se on vielä jossain,
koska sieltä humina kantautuu.
Jos sen metsän haluaa edes nähdä
ja jos siellä haluaa käydä,
sinne vielä lähdetään,
niin päätetään.
Sinne on mentävä,
löydettävä käytävä,
vaikkei kukaan enää muista sitäkään,
kuinka kulkee,
sanat lukee,
että pääsee sisään.

Joku sanoo, että kulkeminen on laiskamadon
työtä,
mutta vaikenee siitä,
mitä on metsässä viettää yötä.
Jos joku kysyy,
miksi minä lähden,
sano, että näin taas uuden lentävän tähden.
Silloin kun olin lapsi,
kysyin uutta tietä kuljettavaksi.
Naurettiin, mitä noin pieni tiesi,
mutta minä halusin oman tieni.
Sanottiin, että jokainen tie
vie aina lopulta metsään
eikä pääty sinnekään.
Minä tahdoin tien sinnekin
mitä ei voi näyttää
eikä selittää.

Kuinka menet metsään,
tietöntä tietä,
suunnatonta suuntaa,
vailla ketään, joka opastaa?
Paras ymmärtää,
kun ääni komentaa:
Älä katsele sivulle,
kun tulet seuraksi minulle!
Tätä et voi kiertää,
jokainen oksa ojentaa, näyttää,
eikä ole yhtään yllättävää,
että yksin vain sinulle
päätös jää:
Valmis, lähdetään!

Joskus tuntuu,
että kuljen syvälle suureen metsään.
Täältä on turha kenenkään
tulla minua etsimään.
Päiväni lentävät pois
kuin neulaset tuulessa,
kuin tuulikin kulkisi
tässä sinisessä unessa.

Joskus tuntuu
kuin päiväni lentävät pois
kuin neulaset tuulessa,
kun männytkin liitävät
tässä sinisessä unessa.
Toisinaan tuntuu
että elämä on tuonut minut
syvälle kaukaiseen metsään.
Täälläkään en luovuta,
vaan yritän kuulla,
kun se kertoo,
kuinka sinne voi nähdä.
Jos sinne voi nähdä,
sinne voi lähteä.
Jos sinne voi lähteä,
sinne voi mennä.
Jos sinne voi mennä,
sinne voi päästä,
jos sinne voi päästä,
sen voi nähdä.
Näin voi tehdä.

Nyt päivä päättyy eiliseen,
huominen on tänään.
Ei viereltään tunne enää ketään,
kun nopeammin siirrytään
sinne missä huuto jää pimeään.
Nyt voi kuunnella vain hengitystään,
itse, vierestään.
Mutta ei kukaan tänne metsään tietämättään
puun alle pääse eksymään
etsimättä nimeään,
kun joka oksa ojentaa, yllyttää ja näyttää.
Jokainen tuutii kerran siementä sisällään,
saa sen taimelle mielessään
ja metsään viedessään
tuntee sen liikkeessään.

Tämä metsän liike on unen sukua,
se puhdistaa ajatuksia,
näin metsä uudistaa hengitystä
ja avaa näkemystä.

Metsät täysin hereillä
kantavat oksilla kaikki aikakaudet,
jakavat joka aamu uudet tuulet.

Metsä odottaa.
Tuntuu kuin jokainen neulasenkärkikin
osoittaisi sinua.
Männyt silmäilevät rauhallisina,
kun tulija lopulta avaa sivua,
selaa kuin paikallisina uutisina,
näin näkee
ja tavaa, ensin itsekseen,
kohta jo lukee,
samaan ääneen,
kokee käänteen:
mistä löytää uuteen siimekseen?

Männyillä on aina aikaa.
Niillä sellaista aikaa,
jota meillä ei ole.
Ja aina vain harvemmat
havaitsevat sen puuttumista.
Kun jäit metsään lukemaan tätä,
yöllä, näit että männyt valvovat
metsän unia, vailla uupumista
muotoilevat muuttuvia kuvia,
jakavat alut,
jotka auttavat liikkeelle.

Ja kun jo levänneenä nouset,
kuulet havut.
Kun tavoitat lähimmän männyn,
tartut kuin ihmeeseen,
se on ensimmäinen,
lujaan juurtunut.
Se on ensimmäinen,
se on puuttunut.
Mänty männyltä seuraat kertomusta
huminan mukana.
Ei tämä ole sinun kertomuksesi.
Eikä mukava.
Mutta siitä voi tulla sellainen,
kun se on muuttunut.

Metsätalous – lyhyt oppimäärä

Jarmo Saarti & Keijo Virtanen

VirtaSaarti

2017

Kuvitus ja taitto: Jarmo Saarti & Keijo Virtanen

Julkaisija: VirtaSaarti, Jyväskylä, Kuopio

Kustantaja:
BoD, Books on Demand, Helsinki, Suomi
Valmistaja:
Book on Demand, Norderstedt, Saksa

ISBN 978-951-568-322-9

Metsätalous – lyhyt oppimäärä

Älköön

metsiä hävitettäkö.

Metsän hävittämistä
        on hakkuu niin
että metsän luontainen uudistuminen

joutuu vaaraan.

Kiintokuutiosta puuta
          sellua
          113 eurolla.

Sataan kiloon toimistopaperia
          0,3 kuutiometriä puuta.

Yhdessä rungossa
          kaksi kuutiota puuta.

Maailmassa tehdään
            joka päivä
miljoona tonnia paperia.

Markkinahavusellun kysyntä
		24 miljoonaa tonnia
vuonna 2014,

kasvaa
		noin 26 miljoonaan
vuoteen 2025.

Yhden hehtaarin tuotto
on parikymmentätuhatta euroa.

Maailmassa
    päivittäin
       270 000 puuta
käymälöihin.

Hinta määräytyy
		silloin
kun se on kannossa kiinni.

Kantohinta
                puun hinta
puukaupassa,
                missä ostaja
vastaa puun korjuusta.

Havukuitupuun hakkuita
voidaan lisätä
          kestävästi
seitsemän miljoonaa kuutiometriä

ja koivukuidun
          neljä miljoonaa
kuutiometriä vuodessa.

Sellutehdas käyttää
                havupuuta
neljä ja puoli miljoonaa kuutiometriä.

Kestävästi hoidetut metsät

ilmastonmuutosta hidastavat
hiilinielut.

Maanmuokkauksessa
rikotaan
humuskerros.

Kannot ravistellaan
            halkaistaan,

minkä jälkeen
ne kootaan kasoihin.

Hakkuukone
          kasaa hakkuutähteen
puunkorjuun yhteydessä
kasoihin.

Kasat jätetään
kuivumaan
　　　pariksi kuukaudeksi.

Kantojen poistaminen
                nostaa
maanmuokkauksen
                ja istutuskoneen
tuottavuutta.

Jos
    oksia,
        latvoja
            ja kantoja
ei kerättäisi,

lahoamisen odottaminen
hidastaisi
            metsänuudistamistyötä.

Mäntyvaltaisissa taimikoissa
                puuston
tavoiteltu tiheys

                parituhatta runkoa
hehtaarilla.

Kaivetaan matala vako,
          joka siirretään
laakeisiin
          korkeisiin mättäisiin.

Istutettaville taimille
        paras
mahdollinen kasvualusta.

Metsämaan
			pintakerrosta rikotaan.

Metsänuudistamisen tavoitteena

                on saada
hakkuussa
                poistetun puuston tilalle
hyvätuottoinen taimikko.

Avohakkuut
            jäljittelevät
metsän luontaista kehitystä,

ne tappavat puustoa
            laajoilta alueilta
tasaisin väliajoin.

Metsä uudistetaan
poistamalla puusto
            kokonaisuudessaan.

utava
kuolmausalue